GUIA DO DISCÍPULO

A Testemunhação

3ª edição, 4ª reimpressão, Maio/2024, do 56º ao 59º milheiro

Título
Guia do Discípulo

Autor
Edgard Armond

Revisão
Maria Aparecida Amaral

Diagramação
Antônio Roberto de Carvalho

Capa
Elifas Alves

Impressão
Rettec Artes Gráficas Ltda.

Ficha Catalográfica

Dados Internacionais de Catalogação na Publicação (CIP)
— Câmara Brasileira do Livro | SP | Brasil —

Armond, Edgard
Guia do discípulo: a testemunha / Edgard Armond.
São Paulo : Editora Aliança, 2012.

ISBN: 978-85-88483-26-2

1. Espiritismo - Fraternidade dos Discípulos de Jesus.

I. Título.

12-06090 CDD-133.9

Índice para catálogo sistemático:

1. Fraternidade dos Discípulos de Jesus : Espiritismo 133.9

Editora Aliança

Rua Major Diogo, 511 - Bela Vista - São Paulo - SP
CEP 01324-001 | Tel.: (11) 2105-2600
www.editoraalianca.com.br | editora@editoraalianca.com.br

Sumário

Preâmbulo

Em 1970, publicamos o livro *O Guia do Aprendiz* para auxiliar os alunos das Escolas de Aprendizes do Evangelho.

Publicamos hoje este *Guia do Discípulo*, como complemento do anterior, para orientar e facilitar as tarefas dos que foram inscritos na Fraternidade dos Discípulos de Jesus.

❖

Há diferentes modos de vivência espiritual, segundo o próprio entendimento pessoal. Uns a realizam simplesmente crendo; outros, crendo e participando de atos exteriores, como no cumprimento de um dever; outros, finalmente, mais esclarecidos, estudando, praticando e devotando-se às realizações, com o desejo sincero de tornar suas vidas espiritualmente melhores.

O discípulo de Jesus crê, participa e devota-se, aperfeiçoando seus conhecimentos e sua espiritualidade, para dedicar-se ao serviço do Bem. Desde que passou a discípulo, tornou-se um porta-voz do Mestre, um agente Seu, iluminado pelo amor e pela fé mais pura e profunda, nas sombras e nas misérias deste mundo de provas e expiações.

São Paulo, janeiro de 1980

Edgard Armond

Nota: Pelo texto adiante verificam-se às vezes repetições, que valem como reafirmações de conceitos e verdades de maior relevância, que mais fundamente devem ser assimiladas.

1
A Missão do Discípulo

Estamos vivendo na Terra a época exata descrita por João Evangelista, sob a dominação crescente da violência, da descrença e da devassidão, muito embora seja este tempo dominado também pela ciência materialista e pela tecnologia.

Esta disparidade prova que o progresso material, quando divorciado do "espírito", não edifica no sentido do bem e, por isso, devemos nos voltar para o lado oposto, que representa o amor, a paz, o entendimento e o progresso verdadeiro que é a espiritualização, base essencial da evolução para mundos melhores, cultuando os ensinamentos de Jesus, o Cristo planetário, que levam para a vivência do bem e da fraternidade universal, o que concorda, à toda evidência, com a essência e as leis que regem a criação divina.

❖

Revelações existem que mostram como se apresenta e ocorre a vida dos seres em planetas mais adiantados que o nosso, como Júpiter, Marte e Vênus e, em todos eles, como os sentimentos humanos são mais elevados e puros e a ciência trabalha exclusivamente para o bem coletivo, não como na Terra, onde age tanto para o bem como para o mal, podendo-se mesmo afirmar que mais para o mal que para o bem, em entendimento espiritual.

Como estamos nos aproximando rapidamente dos termos finais do atual ciclo evolutivo, ao início do qual Jesus desceu ao planeta e nele viveu alguns anos; da época predita para o selecionamento periódico da humanidade, para a separação dos mais aptos a continuarem a evoluir no planeta, em sua futura condição de mundo de regeneração, as perspectivas que temos são de modificações profundas no íntimo dos seres que seguiram os rumos que escolheram livremente, piores ou melhores, dos quais sofrerão agora as conseqüências decorrentes.

Mas como a vivência evangélica tem por base o amor aos semelhantes, todos devemos nos devotar ao esclarecimento dos irmãos mais atrasados, para que consigam nesse selecionamento obter posições favoráveis ao seu futuro espiritual, evitando a rejeição para mundos inferiores.

Isto é o que o Divino Mestre espera de todos nós, aprendizes, discípulos e trabalhadores em geral para que, no breve tempo que lhes resta pela frente, ainda consigam esses irmãos reagir sobre si mesmos, adotando o que lhes é mais necessário à própria libertação espiritual, pela reforma íntima rigorosa e atenta, visando as transformações morais indispensáveis a essa consecução.

Com seu imenso amor, conforme conta um venerável Instrutor espiritual, Jesus ainda se debruça sobre a Terra, e seu imenso coração absorve grande volume das maldades produzidas pelos homens, aliviando-os de parte de seus sofrimentos e oferecendo-lhes ainda uma derradeira oportunidade de redenção neste ciclo.

Este é o trabalho mais diretamente atribuído aos discípulos de Jesus. Para isso foram preparados e devem ter adquirido possibilidades e qualificações. E devem executar este trabalho com a maior boa vontade, transferindo para esses irmãos infelizes parte da cota generosa de energias e de amor que recebem do Divino Mestre.

Se se organizarem nos Grupos a que pertencem e combinarem ações conjuntas bem planejadas e uniformes, grande e meritória será a colaboração que poderão prestar à humanidade, cumprindo fielmente seus programas e compromissos de trabalho evangélico.

E, se se sentirem fortes em si mesmos, animados de força de fé robusta e firme poderão, da mesma forma, executar programas individuais, com grandes possibilidades de bom êxito, pois contarão com a poderosa cobertura espiritual do Alto que, ao mesmo tempo, lhes suprirá as falhas e erros porventura cometidos.

❖

Desde quando foi criada, em 1973, a Aliança Espírita Evangélica progrediu e possui hoje milhares de discípulos aptos a realização de um grande esforço de redenção em benefício dos habitantes deste país predestinado a ser a Pátria do Evangelho e a Canaã prometida.

De pé, portanto, discípulos, para a tarefa gloriosa que os espera para a qual o Divino Mestre vos chama; e, com seu amor e sua divina proteção certamente que vencereis vossas dignificantes tarefas espirituais.

2
Sentido e Fins da Preparação

Cada discípulo, após o período de preparação na Escola de Aprendizes do Evangelho, deve organizar um programa de ação pessoal para as testemunhações evangélicas que lhe cabe realizar.

Deve também considerar que os esforços feitos na referida escola operaram em seu íntimo transformações profundas, passando a ser agora, como discípulo, um homem diferente, consciente das responsabilidades que lhe cabe ante Jesus e apto a empreender, no campo coletivo, uma tarefa de transcendentes efeitos espirituais que se refletirão na vida futura de inúmeros seres humanos com os quais haja tido contato.

E saberá também, porque isso deve ter sentido em si mesmo, que desenvolveu determinada capacidade mediúnica, mais ou menos ampla, segundo o ponto evolutivo que alcançou com essa preparação. Esse desenvolvimento psíquico vale como novas armas ou recursos que se oferecem aos discípulos para benefício das tarefas que deverão realizar no campo coletivo.

Ele deverá ser médium de si mesmo, bastando comungar diariamente com os benfeitores espirituais ligados ao seu trabalho, agentes da grande legião que opera no mundo o esforço de redenção da humanidade sob a direção superior do próprio Divino Mestre.

Lembrem-se os discípulos que Jesus reuniu determinado dia seus apóstolos e deu-lhes a tarefa de partir e pregar a boa nova de redenção por vários lugares e para isso os armou de novas possibilidades anímicas e poderes espirituais para esclarecer os necessitados e curar-lhes os males físicos ou perturbações que tivessem, bastando para isso estender as mãos em Seu nome e projetar sobre eles uma poderosa corrente de paz, amor e esperança.

Pois, sem nenhum intuito de estabelecer comparações despropositadas com os apóstolos daquele tempo, e na devida proporção, os discípulos, pela finalidade do seu trabalho, são os apóstolos de hoje, dotados de semelhantes poderes, desde que se coloquem em condições favoráveis de boa vontade, amor ao próximo e fé na presença e no auxílio do Mestre nos instantes em que em Seu nome agirem.

As condições de vida, de conhecimento e de moral, são hoje diferentes, exigindo atitudes e métodos diferentes para o intercâmbio humano, mas os homens são os mesmos e os corações antes, como agora, possuem a mesma capacidade de pulsar pelo bem e para o amor, conquanto seja preciso auto-purificação constante de corpo e espírito, de sentimentos, pensamentos e atos e também constante comunhão com os amigos espirituais que nos ajudam nas tarefas que devemos executar.

Após o ingresso na Fraternidade, os discípulos, conforme já dissemos, devem fazer um balanço das suas condições mais íntimas, para saber o que podem, no momento, desenvolver em benefício da sua tarefa; verificar quais seus compromissos domésticos, sociais e de trabalho profissional e qual o tempo de que podem dispor no momento; e, ainda, conciliar todos estes fatores de ordem material com aqueles que concernem à tarefa e aos testemunhos que devem dar como discípulos.

Feito isso estarão então prontos para iniciar as tarefas e tanto podem fazê-lo em caráter individual, como coletivo, organizando-se então programas conjuntos.

É indispensável que os discípulos não fiquem inativos supondo que, chegando a discípulos, suas responsabilidades cessam, por já estarem supostamente evangelizados, quando, justamente ao contrário, agora é que elas vão começar.

Não podem ficar inativos em meio a tantas necessidades e sofredores a socorrer, aos quais devem levar seu fraternal auxílio.

❖

Se, porventura, possuírem mediunidade não desenvolvida no período de preparação anterior, devem cuidar disso sem perda de tempo, matriculando-se em escolas ou cursos apropriados, em Casas Espíritas ou Grupos de trabalho bem organizados e orientados nesse setor, devendo manter suas faculdades psíquicas em perfeitas condições de produção de trabalho, tornando assim mais amplo e eficiente o campo de sua testemunhação individual.

Se não possuírem mediunidade, devem fazer exercícios contínuos e assíduos para desenvolver sua sensibilidade psíquica, visando, sobretudo, melhorar suas ligações pessoais com os Benfeitores espirituais, para poderem ampliar o mais possível os resultados das tarefas que venham a desempenhar.

Para isso poderão solicitar o auxílio de seus guias espirituais que certamente os ajudarão, combinando com eles os exercitamentos que devem ser feitos. Com estas práticas, por outro lado, ganharão mais independência e capacidade de ação individual, que reverterá na melhoria e eficiência de sua preciosa colaboração evangélica.

3
Fatores Que Influem na Preparação

Sabemos de núcleos de trabalho onde os ensinamentos são ministrados de forma simplesmente expositiva, o curso ganhando caráter mais acadêmico, o que demonstra o quanto os responsáveis estão afastados da verdadeira finalidade da Escola de Aprendizes do Evangelho, como elemento iniciático que é para o selecionamento e a preparação de futuros discípulos de Jesus e da transcendência das atividades destes, como testemunhadores das verdades redentoras do Evangelho.

Existem também os que supõem que esta Escola existe para ensinar doutrina teórica, nos aspectos conhecidos e clássicos, o que não é verdadeiro, porque os cursos de ensinamentos doutrinários devem existir naturalmente em todos os Centros e Grupos bem orientados, mas com o caráter próprio dos setores do Espiritismo filosófico ou científico. Mas, nas Escolas de Aprendizes do Evangelho, como o seu próprio nome o indica, a orientação e a preparação de alunos é específica do Espiritismo religioso, visando formar discípulos evangelizados, aptos à vivência e à exemplificação do Evangelho no meio social, tendo em vista, portanto, não somente o esclarecimento doutrinário mas, predominantemente, a testemunhação dos ensinamentos.

Podem-se também notar diferenças no aproveitamento e nos resultados do trabalho, que apontam e distinguem dirigentes e expositores pessoalmente, uns bem compenetrados das finalidades da Escola e outros mais distanciados, menos rigorosos e que, por isso mesmo, apresentam resultados menos perfeitos do seu trabalho.

Porque o dirigente faz a turma e, numa escola como esta, ele deve ser, além de capacitado, o exemplo vivo de virtudes e o espelho no qual os alunos vêem os reflexos do que ensina.

E outro grave inconveniente do ponto de vista espiritual é que os alunos sempre formam uma mentalidade e herdam uma preparação melhor ou pior na fé e na segurança próprias para a execução das tarefas que futuramente devam desempenhar como discípulos.

4
Responsabilidade dos Dirigentes

Os dirigentes mais rigorosos, mais exigentes e mais preocupados com a formação dos aprendizes, são os que realizam sua tarefa com maior devotamento mental e respeito aos ensinamentos, e os discípulos reconhecerão futuramente o quanto lhes devem ser gratos por grande parte da influência que tiveram no seu aprimoramento evangélico e para a sua mais rápida e segura evolução espiritual com maior aproximação com os planos luminosos dos mundos espirituais superiores.

Não se deixem, pois, os dirigentes se impressionar com a opinião de pessoas infensas à evangelização obrigatória estabelecida na Escola, que dizem que o Espiritismo é um só, sem diferenças doutrinárias e que tudo deve ser feito ou dito respeitando essa unidade.

O Espiritismo todos sabem que é um só, sem a menor dúvida, como finalidades doutrinárias redentoras, mas não como vivência individual, que varia de uns para outros. Em qualquer dos três setores doutrinários a vivência pode ser efetivada com relativa independência, sem desrespeito algum a essas finalidades essenciais: tanto se é espírita preferindo o setor científico, como o filosófico ou o religioso, mas a conceituação e as práticas de cada setor variam, sobretudo em relação ao setor religioso, cujos conceitos e práticas são próprios, específicos e obrigatórios.

São muito maiores as servidões do setor religioso evangélico que as dos outros setores, pois as primeiras são inarredáveis e inevitáveis, seja na reforma íntima individual, seja nas tarefas a desempenhar pelos discípulos no campo social, com a doação aos necessitados do tempo disponível e do devotamento em quaisquer circunstâncias, sem reservas, com despren-dimento e humildade, o *que não são exigências* dos demais setores.

Por isso as responsabilidades dos dirigentes na formação dos futuros discípulos são positivas e consideráveis e devem ser postas à altura das finalidades religiosas em todos os sentidos, convindo sobretudo lembrar que o Evangelho é a base moral da Doutrina e, qualitativamente, sua característica mais transcendente, dia-a-dia posta mais em evidência e exigindo maiores rigores na formação dos adeptos em geral e dos discípulos em particular, por serem inestimáveis e incontáveis os benefícios espirituais que por intermédio deles a humanidade pode receber, desde já, através dos esclarecimentos espirituais como, também, pela exemplificação evangélica que será posta a vista de todos, autenticando os ensinamentos redentores.

❖

Para dirigir turmas de aprendizes exigem-se dos dirigentes vários requisitos especiais porque ele é o pivô em torno do qual giram a assiduidade, o esforço da reforma íntima, a perseverança nesse esforço e o aproveitamento geral do trabalho.

O dirigente faz a turma, repetimos, e bom dirigente significa bons resultados finais; e igual afirmação pode-se fazer em caso contrário. Para ser bom dirigente não basta a vontade de sê-lo, nem somente a boa vontade dos aprendizes; são necessários outros requisitos como, por exemplo:

1) capacidade de comunicação com os aprendizes e, conseqüentemente, formação de saudável sintonia entre todos;
2) boa integração nos conhecimentos doutrinários e sobretudo nas finalidades essenciais da Escola de Aprendizes do Evangelho, que devem estar sempre presentes;

3) vida limpa, inatacável, doméstica e social, para poder exemplificar a indispensável autoridade moral;
4) ser objetivo, ter facilidade de expressão verbal e experiência pessoal de reforma íntima, para servir de exemplo;
5) respeitar e fazer respeitar a conceituação doutrinária dos programas da Escola de Aprendizes do Evan-gelho, com prevalência da finalidade evangélica; e
6) sensibilidade didática para manter o interesse e a progressão do esforço da reforma íntima da turma que dirige, fugindo sempre à mecanização e à intelec-tualização do ensino.

Estas condições caracterizam o dirigente ideal e quando ele preenche todos estes requisitos, na ausência eventual do expositor da matéria do dia, a aula prossegue e atinge sua finalidade da mesma forma, porque a falta de um expositor deve ser preenchida pelo dirigente; ao passo que a falta de dirigente dificilmente poderá ser preenchida, devido os laços de afetividade recíproca que se criam entre ele e os componentes da turma.

Um dirigente mais intelectualizado e com preferências, por exemplo, para o Espiritismo filosófico, nesta Escola de Aprendizes do Evangelho já não se conduzirá tão bem (a não ser que se adapte convenientemente). Não aceitará, por exemplo, a adoção no ensino de um certo teor de misticismo, que é, entretanto, um dos poderosos auxiliares do êxito da tarefa e do aprendizado.

Para obtenção de bons resultados, avulta grandemente a capacidade e o esforço do dirigente em formar no aprendiz *a mentalidade sacrificial que a tarefa exige*, o sentido de entrega e de renúncia de si mesmo ante o bem dos semelhantes, do que deverá dar exemplo pessoal fugindo ao hábito, felizmente seguido por poucos, de executar sua tarefa displicentemente, como restrito cumprimento de um dever, *tudo porque é preciso galvanizar o aprendiz na ideologia transcendente do Evangelho*.

Esta conscientização ideológica não se forma convenientemente quando o dirigente não está compenetrado dela e, por impulso, não a transfere para os alunos, para criar neles essa referida mentalidade sacrificial positiva, sincera, convicta e cheia de fé que os acompanhará para o resto da vida.

Não se criando neles essa imagem, o futuro discípulo não terá base sólida e profunda de convicções e de fé, podendo até mesmo colocar seus deveres escolares acima da concepção maior da evangelização que é o motivo principal da existência da própria Escola de Aprendizes do Evangelho e de sua formação como discípulo.

Por isso, para esse cargo de dirigente a experiência aconselha a indicação de quem já tenha sido aprendiz e discípulo, formou na vivência exterior sua mentalidade evangélica própria ou, no mínimo, tenha preferências para o Espiritismo religioso, julgando-se capacitado a interpretar as necessidades integrais da formação, fugindo aos aspectos mais superficiais e teóricos.

Porque essa vivência e essa exemplificação exigem, repetimos, tanto de alunos como de mestres, sacrifício, desprendimento, renúncia, humildade e elevada condição espiritual nos sentimentos, pensamentos e atos, sem artifícios ou acomodações, e perfeita impes-soalidade.

Quando a Escola, ao final do curso, entrega à Fraternidade dos Discípulos de Jesus um novo cooperador, muito longe talvez esteja de preocupações para o lado das responsabilidades espirituais, como orientadora e formadora que é e, decorrentemente, fiadora da conduta do futuro discípulo nas tarefas meritórias que lhes sejam postas à frente.

E ainda mais: responsável em parte pelos resultados do trabalho do discípulo no campo social, do êxito ou do fracasso no atendimento dos necessitados que ele, discípulo, deve orientar, esclarecer e socorrer e, indo mais longe, do seu próprio destino espiritual, ressalvada, é claro, sua capacidade de opção de livre-arbítrio, que neste caso representará responsabilidade pessoal dele próprio o que, sem a menor dúvida, muito pesa nesta balança.

5
Recordando Fatos

Ao tratar dos deveres dos discípulos julgamos útil nos referir novamente às Fraternidades do Espaço, já enumeradas em opúsculo já distribuído pela Aliança.

Essas fraternidades atualmente agrupam-se em torno a ISMAEL – o guardião espiritual de nosso País e assessor do Divino Mestre para a orientação espiritual do planeta, enquanto, em nosso Estado, a direção estaria com Paulo de Tarso, cujo destinação se expressa no próprio nome.

Formam-se assim três centros direcionais de gradativa influência espiritual no Estado, no País e no Planeta, este, como sabemos, sendo dirigido pelo próprio Divino Mestre Jesus, o Cristo.

A esses centros direcionais incluem-se os próprios dos demais Estados do País; e, de todos eles, surgem lutadores valiosos que diariamente engrossam as hostes do Divino Mestre, podendo citar, entre outros, Bezerra de Menezes, que fez sua profissão de fé espírita no Rio de Janeiro onde, até seu desencarne, em 11 de abril de 1900, desenvolveu intensa atividade de propagação doutrinária e de serviço do bem aos semelhantes, notadamente no campo do atendimento de doentes e necessitados, que lhe valeram o epíteto de "médico dos pobres".

Na organização da FEESP–Federação Espírita do Estado de São Paulo, em 1940, esse irmão maior recebeu o encargo de sua direção espiritual, na mesma ocasião em que outras Entidades respeitáveis também os receberam, por exemplo, Emmanuel, a cuja orientação ficou a difusão intelectual da Doutrina no País.

Radicado, pois, na FEESP, a organização da casa na sua jurisdição estadual foi estudada, planejada e executada sob a inspiração benévola e fraterna de Bezerra até 1967 quando, por limitações naturais humanas, modificou-se a administração sem prejuízos doutrinários. Mas, pouco depois, esboçando-se alterações na estrutura, efetuaram-se retraimentos na cobertura espiritual que, todavia, não passaram de certos limites, sendo de esperar que todas as atividades possam voltar ao status anterior inicial, com prevalência da feição religiosa evangélica.

Na situação atual, o que realmente deve preocupar os dirigentes em geral de Casas Espíritas, é o respeito e a conservação, o mais fiel possível, da Escola de Aprendizes do Evangelho e de Médiuns, como também e decorrentemente, da Fraternidade dos Discípulos de Jesus, mantendo-se rigorosamente suas finalidades iniciais de organismos formadores dos futuros discípulos e médiuns para as urgentes e indispensáveis teste-munhações evangélicas no meio social, tão carente e contaminado de inferioridades.

Nesta Escola, devem ser respeitados e considerados os processos adotados de início para a efetivação da reforma íntima obrigatória, fugindo o mais possível do academicismo do ensino que, quando exagerado, deturpa e prejudica essas finalidades iniciais.

No momento, conforme já publicamos no opúsculo denominado Fraternidades do Espaço, diretamente ligadas à direção espiritual do País e entre outras ali sediadas, criou-se a Fraternidade da Lei Áurea, dirigida pelo "pacificador" Caxias, constituída por várias legiões como, entre outras, a dos silvícolas, a dos pretos, a dos bandeirantes, a dos escritores e jornalistas, a dos militares e outras. Essa Fraternidade apóia francamente as estruturas e os processos novos que formam a "Iniciação Espírita", compreendendo escolas, cursos, práticas e atendimentos públicos em geral.

O intercâmbio com essa Fraternidade, desde sua organização em 1977 e com outras, vem sendo mantido pelo Grupo da Rosa Mística integrado à Aliança Espírita

Evangélica, em trabalhos especialmente organizados para isso.

Ouçamos agora as palavras do irmão maior Bezerra de Menezes, proferidas em 1978, em referência à Iniciação Espírita, lançada em 1950 na FEESP e ao ingresso, como ocorre no Espaço, de concorrentes à Fraternidade do Trevo, da qual a Fraternidade dos Discípulos de Jesus adotou a insígnia.

Diz ele:

"Essa Fraternidade do Trevo, é um exemplo a ter presente quanto ao rigor na inclusão de novos membros.

Não bastaria pertencer à Fraternidade dos Discípulos de Jesus para nela ingressar e receber oportunidade de tarefa a executar. Como regra, não basta ser discípulo de Jesus, mas discípulo esclarecido, responsável, de mente aberta para o Bem, capaz de entender e sentir o que significa pertencer a um grupo que toma como chefe o próprio Divino Mestre.

Para o discípulo será diminuir-se não trabalhar adequadamente, não produzindo o necessário e o melhor e não se colocando à altura das necessidades e dos compromissos assumidos.

É certo que existe a inevitável gama de variações de capacidades, de sentimentos e de entendimento, entre um discípulo e outro discípulo, e por isso não se deve chegar ao exagero de exigir que todos sintam da mesma forma. Mas há sempre um mínimo de sentimento, de entendimento e de ação consciente que devem, justamente, atestar sua condição de discípulo.

Quanto mais esse mínimo se alcança e se supera, tanto mais se consolida a caminhada na direção do Mestre.

Nosso trabalho está sendo ainda uma tentativa no campo das transformações morais, para que a Fraternidade dos Discípulos de Jesus possa cooperar, em maior aproximação, com a antiga Fraternidade do Trevo".

E, recordando o trabalho já feito, prossegue: "No princípio a idéia principal era agrupar os discípulos por sintonia de entendimento, o que já não era fácil. Mas, na realidade, como começamos nós? Muito arroja-damente, agrupando e reunindo em nome de Jesus (o que é imensamente grande).

Mas, mesmo assim, muita coisa grande em seu nome se fez, conquanto ainda como início.

Hoje, feitas as provas, não podemos mais nos iludir com aparências; precisamos selecionar elementos, enxergar mais fundo nas agitações e controvérsias, no descontentamento e até mesmo nas pequenas agressões, para melhor defender a obra, sobretudo dos que alimentam desejos pessoais, sem ideal maior, sem desprendimento.

Também já assinalamos aqueles que já entendem, não se apressam mais, não se precipitam e por isso se fixam melhor; não se deixaram nesse longo período arrastar por desgarres de qualquer origem, justamente porque entenderam, amadureceram ante as verdades evangélicas, visto que, depois que se entende e se aceita é que se evolui, não sendo mais possível parar no rumo da ascensão.

Mas há os que param como, também, os que permanecem firmes nas rotas traçadas; estes são os mais felizes, porque são os que se aproximam mais depressa do Divino Mestre.

Há sempre um limite que, depois de transposto, não permite retorno. Quando se consegue captar a verdade e o coração vibra nesse mesmo diapasão, não há mais receios, hesitações, temores e arrependimentos tardios. *Os que transpuseram esses limites, atingindo a situação de discípulos de Jesus, esses não mais voltarão atrás.*

É, todavia, certo que somente a experiência, o esforço próprio, a sinceridade no exercício das funções e no desempenho das tarefas revelam a têmpera do lutador. É isto que o Mestre espera da sinceridade e do alto idealismo que deve ornar o caráter dos verdadeiros discípulos".

6
Respeito às Tradições

Eis agora as palavras de Razin, na interpretação da inefável entidade maior feminina que todos amamos:

"As tradições milenares de iniciação que após a adaptação feita, chegaram à atual Fraternidade dos Discípulos de Jesus para serem levadas diretamente ao coração dos homens dos nossos dias e por estes recolhidas e testemunhadas na vivência evangélica, sem necessidade de permanecerem isoladas e secretas em diferentes processos de culto e simbologia; estas agora estão abertamente reveladas em escolas e cursos públicos, com as exemplificações compatíveis com as condições de cada um no ambiente que lhe é próprio.

Mas, superadas as diferenças aparentes, os ensinamentos são sempre os mesmos, profundos, antigos, únicos, reais, apresentados das mais diferentes formas, em palavras e molduras variadas, mas tudo finalmente contido no simples e profundo ensinamento do "amar a Deus sobre todas as coisas e ao próximo como a si mesmo".

Quando os homens entenderem que esses ensinamentos se encontram em tudo o que existe, malgrado as diferentes formas e condições ambientais, como as no tempo de Jesus; quando perceberem essas verdades e souberem aplicá-las na vivência comum, então haverá fraternidade no mundo.

Enquanto isso, compete ao discípulo de Jesus, sua divulgação e desenvolvimento e a devida exemplificação com boa vontade, cordura e compreensão, esclarecendo e iluminando as mentes ofuscadas pelos aparatos exteriores dos templos, mas evitando apresentá-las com aspereza ou imperatividade e sujeitando-se até mesmo a revezes, indiferenças e ingratidões; e se assim fizerem estarão cumprindo seus compromissos com fidelidade inegável.

Esta é a tarefa: estejam os discípulos onde estiverem, os testemunhos devem ser dados e serão vistos; e se não houver repercussões no próprio meio, o clamor deles soará nos Planos Maiores, onde a justiça de Deus não é a justiça dos homens. Aqueles que conseguirem propagar essas verdades evangélicas reunindo, esclarecendo, socorrendo e encaminhando seus irmãos para as luzes da Divindade Criadora, esses conhecerão verdadeiramente o caminho do aprisco do Senhor e para Ele se dirigirão sem hesitações, nada havendo que possa impedi-los; receberão o aperto de mãos agradecidas dos companheiros de luta nos dois planos, não como simples elogios, mas como a mais sincera e pura alegria pelo trabalho bem executado nas hostes do Senhor.

Nesta terra abençoada a tarefa foi lançada, iniciada e prossegue em franco andamento; e embora não possamos adivinhar seu desenvolvimento, a todos nós compete prosseguir, nos mesmos rumos, com corações cheios de esperanças e de fé, porque as gerações se sucedem uma às outras e propagam o cabedal evolutivo que recebem das que vieram antes.

Somos de Deus; a Ele servimos, aceitando Sua vontade como lei; executamos o que nos compete, demonstrando fé, devotamento, desprendimento e perseverança e permaneceremos tranqüilos como se um manto de paz envolvesse nossos corações para sempre.

Esta é a tarefa: estejam os discípulos onde estiverem, prossigam devotadamente nos testemunhos, e suas tarefas estarão para sempre consolidadas, porque o coração do discípulo é o templo do próprio Mestre.

Trilharemos sempre as mesmas sendas e nada nos afastará, porque o que nos une e nos salva o destino, é a magia do amor que se renova perpetuamente enquanto progredimos e evoluímos, e porque o Senhor deste mundo está atento infindavelmente como um pólo central poderoso da corrente formada pelo seu imenso amor, que transcende o próprio globo".

7
Sucessão das Gerações

Esta atual geração do mundo, para ser entendida do ponto de vista evolutivo, deve ser classificada em três escalões etários a saber: o dos homens idosos, acima de 70 anos, que formam a atual classe dos velhos e que dentro de vinte anos não existirá mais aqui; o dos homens atualmente adultos, entre 40 e 60 anos que, em poucas décadas, estará na classe dos velhos; e dos jovens de hoje, que serão os adultos de amanhã e em cujos ombros estará o peso dos governos do mundo.

Esta será a situação no início do 3º milênio, justa-mente quando os fenômenos naturais, humanos e cósmicos, estarão no ponto mais alto de suas atividades, na passagem do 2º para o 3º milênio.

O peso das responsabilidades espirituais estará portanto com os discípulos de hoje, adultos de amanhã, então na plena força da sua maturidade espiritual; e com aqueles que as Escolas de Aprendizes do Evangelho estejam formando hoje e parte dos mais jovens, que terminam agora sua preparação para discípulos.

A eles vai caber a testemunhação do Evangelho nessa época terrível, enfrentando o desvario da humanidade enlouquecida pelo excesso de sofrimento, pela perda das esperanças e pelo terror do desconhecido na terra e no céu.

Poucos nesses dias poderão resistir a essa situação e nessa hora é que aos discípulos de Jesus cabe transformarem-se em colunas de apoio, faróis nas tormentas e nas trevas, consolo no desespero, guias abençoados que mostrarão o caminho único e certo para a salvação no redil do Senhor.

Neles está depositada por Jesus a tarefa hercúlea e sublime de serem seus porta-vozes, seus apóstolos, na hora triste da separação dos bons e dos maus, para a redenção dos milhões de seres humanos que devem formar o núcleo mais numeroso dos habitantes do novo mundo regenerado em que a Terra se transformará, com a humanidade formada por aqueles que se salvaram da inferioridade animal e se tornaram aptos a viverem fraternalmente, bafejados pelas luzes do amor e da fraternidade universal.

Considerando esse futuro difícil mas glorioso, compreende-se mais facilmente porque essas gerações de discípulos de hoje devem receber nas Escolas e na Fraternidade dos Discípulos os mais perfeitos e rigorosos cuidados na sua formação e atividades espirituais, não simplesmente doutrinárias ou intelectuais mas profundamente integradas na essência e no sentido sacrificial do Evangelho de Jesus.

Não se trata, pois, de exigências escolares descabidas ou exageradas mas, muito ao contrário, justas, indispensáveis e preciosas, para benefício dos nossos semelhantes necessitados de encaminhamento, para o reino prometido por Jesus a todos aqueles que nele crescem e seguem seus ensinamentos redentores.

Por qualquer ângulo que se encare esse problema magno do selecionamento da humanidade, nossa esperança está sempre em Cristo, que é o amor em sublime essência e esperança, para nossa vida nos tempos futuros.

Medimos agora o valor imenso que ele possui e glorifiquemos a Deus por sermos, humildemente, seus discípulos.

8
Planejamento e Ação

Desde que inscrito na Fraternidade, o discípulo deve compreender: 1º) que este fato não significa, como já dissemos, o termo final dos seus esforços mas, justamente ao contrário, o início de um outro período muito mais amplo, elevado e definitivo; 2º) que da condição subordinada de aluno sujeito às servidões escolares, conquistou agora uma posição independente, de ação por inteiro livre-arbítrio, único responsável pela própria conduta, a começar do planejamento do trabalho a executar.

Sabendo que o esforço agora é o da produção de trabalho, na execução de tarefas no campo da testemunhação evangélica, cabe agir por conta própria, individualmente ou fazendo parte de uma instituição espírita ou um grupo de companheiros. Nestes dois últimos casos escolherá o agrupamento que julgar preferível e a ele agregar-se-á como trabalhador consciente de suas responsabilidades, podendo, no entanto, proceder como convier, segundo seus compromissos, também respeitáveis, domésticos, sociais e de trabalho, sem nunca entretanto perder de vista que deve sempre manter a unidade do esforço comum doutrinário.

Compreenderá também que, do ponto de vista espiritual, seu maior compromisso é com o Divino Mestre, com seus ensinamentos redentores, dos quais deve fazer-se testemunho vivo enquanto viver em nosso mundo material, sendo, pois, necessário, como já dissemos, balancear e conciliar esses diferentes interesses, garantindo sempre, porém, a prioridade das tarefas espirituais.

Tudo isto considerado e tomadas estas disposições, só lhe resta lançar-se ao trabalho com a maior boa vontade, fé, desprendimento e humildade, para que possa contar com o apoio e a proteção jamais negados pelo Mestre, através de seus mensageiros espirituais e servidores, em tudo o quanto for julgado acertado e digno e enquanto agir na Terra como um verdadeiro e operante trabalhador, em espírito e verdade, isto é, segundo a essência dos ensinamentos e das virtudes que levam à fraternidade universal e à redenção da humanidade.

Desde que terminou a preparação na Escola de Aprendizes do Evangelho e ingressou na Fraternidade, o discípulo deve decidir se vai trabalhar isoladamente, ou integrado a alguma Casa Espírita, já de antemão conhecida, caso em que se aproveitará dessa organização para desenvolver ali seu trabalho de assistência aos necessitados, nada mais tendo de projetar, neste primeiro passo, senão respeitar os programas da Casa.

Mas, caso opte por trabalho próprio, independente, procurará então formar um grupo de trabalho com alguns companheiros já anteriormente escolhidos e organizar com eles um programa adequado, mas temporário, até que, com os resultados desses primeiros esforços e as experiências adquiridas, possa constituir um Grupo definitivo ou um centro espírita regular, integrando-o à Aliança Espírita Evangélica.

Nesse grupo inicial deve haver médiuns videntes, de incorporação, de curas etc. para que haja condições de executar desde logo um programa de atividade em benefício dos semelhantes.

Estabelecida uma sede, por pequena que seja, para as reuniões do Grupo, ali mesmo realizarão sessões de estudos e de atendimento a necessitados que os procurem.

O campo do trabalho é sempre amplo porque imensas são as necessidades do povo humilde e pobre e, por isso, devem começar atendendo aos pedidos encaminhados pelos próprios membros do Grupo, conhecidos e familiares. Logo nas primeiras reuniões devem estabelecer contato seguro e franco com os amigos do Plano Espiritual, solicitando a designação de um Diretor espiritual e orientador para os trabalhos do Grupo, sobretudo na parte referente ao atendimento de doentes e perturbados.

9
Normas Para os Trabalhos

Como regra, os componentes do Grupo devem preparar-se pessoalmente para as novas atribuições e atividades, aprimorando a reforma íntima, já iniciada e desenvolvida até certo ponto, na Escola de Aprendizes do Evangelho, o que é essencial não só para o progresso de cada um dos companheiros, como para a cobertura espiritual do Grupo.

Nessa sede provisória podem instalar sessões de desenvolvimento de mediunidade para aqueles que porventura a possuam, ou simplesmente desen-volvimento da sensibilidade anímica para aqueles que necessitem aprimorar sua constituição psíquica, possuindo fundo mediúnico.

Após a designação do protetor espiritual, os membros do Grupo devem todos passar por exame espiritual rigoroso, para que se conheça as possibilidades de cada um, tendo em vista as tarefas a repartir.

Se houver necessidade de desenvolvimento mediúnico e não for possível realizá-lo no Grupo por falta de meios, isso deve ser feito em alguma Casa Espírita de confiança, para que o desenvolvimento e o aprimoramento acrescentem valores novos, suficien-temente apurados, aos trabalhos do Grupo.

Nessas atividades iniciais o Grupo não poderá enfrentar problemas espirituais mais sérios e de responsabilidade, limitando-se, portanto, aos atendi-mentos mais simples.

Quando o volume dos pedidos diários ultrapassar as possibilidades o Grupo talvez já possa então transformar-se em uma instituição regular, constituída oficialmente, possuindo diretoria, estatuto, sede adequada e recursos de sustentação própria, integrando-se, como já dissemos, à Aliança Espírita Evangélica e completando sua organização com escolas, cursos e demais setores de atividades espirituais conhecidas.

Chegando a este ponto os programas de trabalho deverão ser revistos e ampliados, aumentado o campo das atividades, para que a propagação do Evangelho de Jesus seja, na parte que lhe tocar, eficiente e útil em todos os sentidos, cabendo aos discípulos agradecer ao Divino Mestre o êxito das primeiras tarefas, a felicidade do dever cumprido e a perspectiva de novos e mais amplos empreendimentos que possam merecer no futuro.

10
Conhecimentos, Comentários[1] e Conselhos

I

"A prece, não sendo somente intelectual, provoca um desprendimento do Espírito dos laços que o prendem à matéria e assim pode elevar-se, até onde consiga alcançar nos planos etéreos, recebendo dessas regiões purificadas *o bálsamo do reconforto, e o auxílio de que necessite*".

Nos casos de moléstias ela vale como um poderoso remédio, que opera efeitos às vezes muito superiores aos da medicina comum, porque a medicina material não penetra nos arcanos do Espírito que, em grande parte, representam as verdadeiras causas das doenças, sobretudo as do campo psíquico.

[1] Para os comentários dos assuntos entre aspas, nos capítulos 10 e 11, valemo-nos da publicação mediúnica A Verdade sobre os outros Mundos apresentada pelo confrade Djalma Montenegro de Farias, edição de 1959.

II

Há cinco leis que se podem considerar fundamentais da exigência do Universo, quanto aos seus habitantes:

a) a existência de uma Divindade Criadora;
b) a eternidade do Espírito imortal;
c) a reencarnação;
d) o carma; e
e) a pluralidade dos mundos habitados.

O conhecimento dessas leis é também fundamental para o apressamento da evolução dos seres humanos.

III

"Tudo no Plano Divino é regulado e perfeito e Deus atribui aos homens o volume justo das provas que deverão suportar e o auxílio que baste para vencê-las e redimir-se."

Segundo o grau de adiantamento que tiverem alcançado, assim possuirão os poderes, as virtudes e a sabedoria correspondentes.

IV

"A qualidade inferior do envoltório etéreo da Terra e sua atmosfera, permanentemente infectados de elementos impuros e negativos, provindos dos Espíritos inferiores ali existentes", influem poderosamente sobre a vida dos habitantes do planeta que, dessas áreas, recebem ondas constantes de influências maléficas e deprimentes.

V

"Os Espíritos encarnados que já evoluíram até certo ponto podem exercer domínio e vigilância sobre os corpos físicos."

Conhecendo as forças íntimas do Espírito e as forças cósmicas que atuam na criação divina, e agindo sempre pelo amor e no sentido do Bem, podem agir na defesa de seus semelhantes, tornando-se úteis a todos no ambiente em que vivem.

VI

"Sendo Deus puro e infinito amor e nós, homens, partículas divinas mergulhadas na matéria para evoluírem, desde que já tenhamos desenvolvido em limites suficientes, sentimentos de amor aos semelhantes e aos seres vivos em geral, teremos Deus em nossos corações e nunca estaremos sós."

Com o poder do amor controlando o coração e a mente, poderemos dominar o corpo físico, tornando-o dependente.

VII

Sabendo que somos eternos, imortais e de origem divina, partículas mentais de Deus em estado potencial, podemos também exteriorizar e expandir uma aura de amor em torno de nós, formada por sentimentos de grandeza, generosidade e bondade, protegendo não só nossa família mas todos quantos nossos sentimentos altruístas possam alcançar.

Este, aliás, é o ensinamento fundamental do Cristo, a abranger a humanidade toda, pois somos todos irmãos espirituais, sujeitos às mesmas leis vitais e ao mesmo destino final.

VIII

"A aproximação de um Espírito benfeitor se opera em afinidade de ação e de pensamento: pensamento negativo e ações más, são sempre impedimentos ao recebimento de auxílio que, em dado momento, solicitamos, porque a disparidade vibratória nos isola e nos mantém fechados aos fluidos, eflúvios e vibrações mais elevadas, emanadas dos benfeitores que tentam nos auxiliar e que somente encontram facilidade quando se abrem nossos corações e nossas mentes, com humildade e esperança de receberem o auxílio solicitado."

Por outro lado devemos sempre oferecer aos protetores espirituais um ambiente limpo, claro e agradável, de vibrações acolhedoras e amorosas, para que se sintam bem junto de nós, e possam desempenhar com facilidade as tarefas que os trazem, pois não é pequeno o desconforto que sofrem ao transporem as camadas pesadas e deprimentes da atmosfera exterior do planeta.

"Da qualidade do amor que já se é capaz de dar, pode-se conhecer, com certa aproximação, o grau da nossa evolução."

IX

O amor é que é a marca denunciadora de nossa posição, pois é o sentimento que mais aproxima os homens de Deus; e o mais chegado ao Pai é aquele que mais ama e tudo dá, sem esperar retribuição.

O amor verdadeiramente desinteressado e espiritual é aquele que se estende a todos, indistintamente, na mais fraternal espontaneidade, abrangendo a humanidade como um todo.

X

Eis como um dedicado Instrutor[2] enumera as exigências necessárias para se viver evangelicamente:

"Pensar mais, falar menos. Agir mais, criticar menos. Amar mais, exigir menos. Produzir mais e vangloriar-se menos.

A modéstia, diz ele, o recato, a honestidade, a ponderação, a humildade, a paciência, o trabalho, o perdão e a caridade, são as bases fundamentais da reforma íntima indispensável a todos os que querem apressar sua evolução espiritual".

[2] Veredas Espirituais, médium Isis Bassani Cobo, edição de 1973.

11
AUTO-APRIMORAMENTO

I

"Como estamos chegados à hora dos grandes acontecimentos e das grandes revelações espirituais, dentre as quais o Espiritismo é uma delas e o Evangelho cristão a meta final a atingir, é necessário aperfeiçoar o mais possível o desenvolvimento teórico e prático dos médiuns."

O Plano Maior está a exigir médiuns altamente capacitados para receberem e transmitirem suas revelações, instruções e ensinamentos destinados a esclarecer à humanidade sobre como compreender, preparar-se e conduzir-se ante os acontecimentos dos dias que estão por vir.

É hora de agir por processos novos, mais eficientes e perfeitos, abandonando as superstições, a rotina, o misticismo exagerado, gerados pela ignorância; encarar os fatos como se apresentam, abrir novos horizontes aos conhecimentos reais, aperfeiçoando-se os médiuns em todos os sentidos, sobretudo na parte moral, pela reforma íntima.

Em futuro breve não haverá mais lugar para médiuns improvisados, ignorantes, despreparados, incapazes de assegurar a autenticidade do intercâmbio muitas vezes urgente, com os Espíritos responsáveis pela execução das leis que vão reger e conduzir os acontecimentos, nesse período transcendente e decisivo da vida na Terra.

II

"Uma das necessidades desse aprimoramento no campo físico é a alimentação, que deve ser o mais espiritualizada possível: quanto menor quantidade de influências materiais contiver, mais leves e delicados serão os corpos dos homens encarnados, desde o ventre materno."

"Nos mundos um pouco mais adiantados que o nosso, o alimento ingerido dissolve-se na boca ou no estômago, não havendo necessidade da profusa e sempre repugnante eliminação de resíduos sólidos e líquidos como ocorre na Terra, e a totalidade dos alimentos é aproveitada e transformada em energia, posta à disposição do Espírito para sua evolução."

O corpo usado na Terra corresponde ao atraso evolutivo dos seus habitantes, mas, mesmo agora, pode-se obter alimentação mais leve e delicada com a simples recusa de alimentos pesados, indigestos, e de laboriosa eliminação, adotando-se a alimentação vegetal.

O recomendável será a alimentação de cereais, verduras, legumes e frutas, limitando-se ao mínimo indispensável (segundo a profissão que se tem), o teor de proteínas, excluindo definitivamente a alimentação carnívora e seus derivados, não sendo necessário arrolar aqui também os tóxicos em geral, cujo uso na Terra, em vez de diminuir, aumenta dia por dia, com os viciamentos chamados caseiros ou sociais, a começar do fumo e do álcool.

É bom explicar que o problema humano não deve ser *durar mais*, fazendo-se a alimentação leve, mas, *espiritualizar-se mais*, para aproveitar a dádiva preciosa desta atual encarnação, em todos os sentidos e limites, libertando-se o Espírito das tendências e impulsos baixos, próprios da vida animal.

Vivemos dias heróicos e decisivos, e heróicas também devem ser nossas decisões, conduta e atitudes, optando pelo melhor, mais puro, mais perfeito e mais alto.

III

"Como aconteceu com Capela, a estrela alfa da constelação do Cocheiro, assim também, naquela época, de outros orbes como, por exemplo,Vênus, levas mais ou menos numerosas de Espíritos foram retirados por estarem inferiorizados em relação ao progresso espiritual daquelas humanidades e enviados para a Terra."

Da mesma forma, ao fim do atual ciclo evolutivo, os Espíritos inferiorizados aqui existentes (como aliás todos nós sabemos), considerados incompatíveis com a vivência evangélica recomendada por Jesus, serão também retirados e enviados para mundos em começo de provação, que estão sendo preparados e cujas órbitas os trarão para mais junto da atmosfera da Terra, nos momentos devidos.

O mais cruciante problema desta nossa humanidade é pois os homens se evangelizarem o mais decidida e rapidamente possível, realizando com toda força da alma, a reforma moral indispensável, para não serem descartados, degredados para mundos ainda mais inferiores que o nosso.

IV

"Há muitas verdades menores e somente uma verdade suprema que é Deus." Dessas verdades menores os homens já descobriram algumas leis constitutivas e funcionais, no seu afã de conhecer a vida e as leis que regem a matéria, mas não o Espírito imortal, que a própria ciência humana ainda não aceita.

Mas como conhecer a verdade maior, perguntam freqüentemente. E o próprio Cristo, a essa pergunta também silenciou ante Pilatos, porque os homens materializados não compreendem as coisas do Espírito imortal e eterno.

E mesmo que as conhecessem não poderiam utilizá-las, por falta de condições previamente adquiridas na vivência da própria espiritualidade.

"Mas pode-se objetivar uma resposta, dizendo para aqueles que desejam ver e ouvir: plante uma semente e observe como germina e dia a dia vai se transformando em broto, em caule, em tronco, em flores e no corpo integral da mesma planta que a gerou."

"Ali está presente a força imensa e sobrenatural que opera na Natureza universal e move os astros nas suas órbitas infinitas – Deus."

Essa é a resposta e tudo o que nos rodeia, desde os enormes paquidermes, até o mais minúsculo inseto, tudo o que ocorre em nosso redor na terra e nos céus, tudo nos mostra a existência desse poder sobrenatural e infinito que é Deus – a suprema verdade – que um dia conheceremos melhor quando, obedecendo às suas leis e evoluindo, ascendermos às esferas sublimadas dos mundos espirituais superiores.

Quanto mais o homem evolui, mais se aproxima de Deus e mais luminoso se torna o seu corpo espiritual porque mais se exterioriza a centelha divina que nele existe, – a semente divina plantada no chão do infinito.

V

"Os Espíritos mais materializados ou adeptos de crenças de exterioridades, só voltam seus pensamentos para Deus nas horas de suas maiores aflições e há ainda os que, ao mesmo tempo, negando Sua existência ou duvidando dela, julgam talvez que nasceram do nada e ao nada regressam quando morrem."

Mas nas horas difíceis, quando a matéria falha e não encontram respostas às suas indagações, muitas vezes arrogantes, blasfemam contra Deus, insultam a divindade criadora como se fora ela a responsável pela sua inferioridade espiritual.

Mas como a misericórdia de Deus é infinita, haverá sempre resposta duma forma ou doutra a esses apelos, com a própria continuação da vida encarnada e as possibilidades de novas experiências esclarecedoras que, aos poucos, irão desbastando a floresta negra das inferioridades e da ignorância.

VI

"Deus criou a Natureza como ela se apresenta nas suas inumeráveis manifestações, conjugadas às miríades de astros que brilham no espaço e circulam nas suas órbitas, reguladas por leis exatas e perfeitas; quem faz o homem e o inseto mais humilde, ambos evoluindo em suas trajetórias com regularidade infalível, esse alto poder não erra, e não comete injustiças, porque é a própria sabedoria infinita."

Nada é mais perfeito que o que existe no universo, sem medida de tempo e na forma que existe. Só um fanático religioso, um obcecado por idéias mentais defeituosas, pode pensar diferentemente.

VII

"A ciência dos homens da Terra já avançou em vários setores, mas é impotente para penetrar nos arcanos da vida do Espírito imortal onde os dados não são matemáticos, concretos e objetivos."

Somente após a promoção da Terra a mundo regenerado, isto é, capaz de vida nas linhas morais marcadas pelo Evangelho de Jesus, poderá o ser humano atual abrir novos horizontes do conhecimento espiritual, a não ser que os procure e os pratique desde já e se submeta às suas leis.

O maior defeito do materialismo não é ignorar o que se refere ao mundo espiritual, mas sim negar que esse mundo existe.

Intelectualmente o cientista ateu avançou até o ponto do que sabe hoje, mas nega que além disso exista algo que sua ciência ignora, ignorando também o ensinamento do Divino Mestre quando disse que "O pai muitas vezes nega ao *sábio* o que revela ao ignorante", justamente porque a evolução espiritual independe, em grande parte, do intelecto, que é o assento mais seguro da ciência terrena.

VIII

"Se o Evangelho revive nos nossos dias, o cristianismo primitivo, isto é, as atividades missionárias da propagação e exemplificação dos ensinamentos e que, para isso, contaram com uma cobertura espiritual muito próxima, dada pelo próprio Mestre, a designação de "espírita" é inseparável da de *cristão*, que é como se designavam os apóstolos e discípulos que realizaram nos dois primeiros séculos essa propagação e nela muitos deles pereceram."

"O espírita dizendo-se cristão, não quer dizer que se declara pertencente a uma corrente sectária, mas sim àquela corrente que corporifica os ensinamentos do Mestre, que representam o verdadeiro começo deste ciclo evolutivo, desta linha iniciática de revelações redentoras."

IX

Assim como os planetas e outros astros podem ser mais ou menos adiantados, o mesmo sucede com os Espíritos que os habitam.

"E como todos têm a mesma origem e o mesmo fim, Espíritos e astros, seria injusto separar os bons dos maus, negando a estes últimos as oportunidades de evoluírem para se tornarem melhores."

Por isso todos são beneficiados, bons e maus, onde quer que se encontrem, porque a justiça e a misericórdia de Deus são ilimitadas e perfeitas e só deixam de beneficiar quando os Espíritos, pelo uso imoderado do livre-arbítrio, esgotam todas as possibilidades de redenção, rebelam-se contra as leis divinas e tornam-se definitivamente irrecuperáveis, caso em que são finalmente eliminados.

X

"As atividades que desenvolvemos conscientemente, no uso do livre-arbítrio, são de nosso inteiro e pessoal interesse, cada um agindo como quiser, no tempo que desejar, pois a Deus somente interessa o resultado do nosso trabalho e suas conseqüências, boas ou más, em relação aos nossos semelhantes."

Na devida e justa apuração de valores e méritos, o homem vale pelo que produz de benefícios para a coletividade, visando seu esclarecimento espiritual, instruindo-a e aperfeiçoando-a para a redenção.

XI

A Ciência oficial, obstinada e racional e o dogmatismo exclusivista, face aos acontecimentos programados para o término deste ciclo evolutivo, modificarão seus rumos, reconhecendo as tradições espiritualistas do homem, que até hoje rejeitaram e aceitarão finalmente as verdades maiores da universalidade do Espírito e sua predominância sobre a matéria.

XII

O que deve interessar preferentemente aos discípulos é o esforço firme e paciente que desenvolve virtudes, as conquistas espirituais que acumulam sabedoria e levam ao progresso e à redenção espiritual.

12
Exortação

Antes de encerrar este pequeno livro, transcrevemos a mensagem do venerável Instrutor Razin, Patrono das Escolas de Aprendizes do Evangelho e das Fraternidades do Trevo e dos Discípulos de Jesus, na Reunião Geral da Aliança, dia 15 de dezembro de 1979, na inclusão de 278 novos discípulos, do País e de outras nações sul-americanas, na Fraternidade dos Discípulos de Jesus.

"Diletos companheiros, a nossa saudação.

Momento solene, momento de graças, em que colhemos a felicidade e o júbilo. Mas, a par da alegria e da emoção, exige-se de cada um a conscientização deste instante, por um entendimento profundo do que se passa agora.

Estivestes todos por algum tempo a vos preparar para este dia e o dia é chegado, o do encontro com o Mestre Jesus, para o testemunho que só pode ser dado com o coração, no propósito firme e inalterável de testemunhar como discípulo.

Se para isso estiverdes preparados, então diremos: ousai e penetrai agora o recinto sagrado, para o encontro com o Divino Amigo, fazendo parte daqueles que, ansiosos, buscam agora o seu quinhão de trabalho, a sua parcela de testemunhação.

O vosso desejo de servir será atendido com as servidões que vos serão apresentadas nos momentos justos. Portanto, repetimos: o momento é precioso, de uma profundidade enorme e de repercussões por toda a eternidade.

Em todos os tempos e em todas as vezes que grupos humanos atravessaram a senda da evolução espiritual, sempre houve os que caíram e sempre houve os que permaneceram de pé. E o Mestre se compadece e serenamente continua a se sacrificar pelos que caem; e, para isso, conta com os que permanecem eretos, para ajudá-lo nessa tarefa grandiosa.

Assim como o sol toca diariamente os vossos horizontes, iluminando-os, assim também o Mestre Divino se debruça sobre a Terra que é sua, envolvendo-a em seus braços poderosos de amor, e absorve o seu coração grandes parcelas das iniqüidades, das falhas terrenas, das agressões e das maldades, para que possam continuar de pé os que estão de pé.

E ante este espetáculo grandioso de misericórdia e de amor puro e divino, qual de vós poderia permanecer insensível? Que discípulo realmente merecedor desse nome, pode permanecer intocado?

Portanto, novos discípulos, de pé! Adentrai agora a estrada que se vos abre à frente, de trabalhos e de responsabilidades.

Discípulos antigos, renovai-vos! Conscientizai-vos! Que haja modificações em vosso interior mais profundo! Saí do marasmo, se marasmo houver em vós! Saí da ociosidade se nela estiverdes fazendo ponto de parada! Trocai as vossas vestes. Que sejam agora mais limpas, de melhor tecido, forte, resistente às intempéries que se aproximam; uma veste adequada ao trabalho que vos chega agora às mãos.

Não recueis jamais; não percais a oportunidade de servir ao Divino Amigo, Senhor desta Terra, à qual também pertencemos por divina misericórdia, evoluindo.

E voltemo-nos agora para o Mestre dizendo: conscientes estaremos, Senhor Jesus, deste instante. E ousando também eu, respondo pelos que aqui estão preparando-se para receber o título de discípulos teus e para testemunharem.

E ousarei também, Senhor, dizer, que nenhum deles desistirá, nenhum vos será desleal, infiel; nenhum interromperá a caminhada, a não ser para passar para o nosso plano.

E que a paz do Divino Senhor que agora se faz aqui tão presente, porque é amor e misericórdia, que essa paz impregne nossos corações para que possamos seguir em uníssono louvando-o, e não apenas com os corações ou com os lábios, mas com todo nosso ser, com o nosso trabalho e todo o nosso devotamento."

13
Palavras Finais

Estamos vivendo os acontecimentos que marcam, no arquivo histórico do nosso sistema solar, o transcurso para o 3º milênio cristão; e os discípulos de hoje, repetimos, serão os exemplificadores do Evangelho de Jesus.

O sentimento da universalização do Bem e do Amor é que caracterizará essa tarefa e tudo que de bom e de justo fizerdes será força que auxiliará a exteriorização da centelha divina que em vós existe e que cada vez se tornará mais luminosa, porque a luz é a marca da espiritualização e por esta mesma seremos todos julgados e separados.

Dizem os Instrutores Espirituais que "a era da fraternidade já está sendo construída na Terra pelas almas que trabalham em silêncio na difusão das verdades evangélicas".

Discípulo, és uma dessas almas e esforça-te para que teu esforço frutifique no coração de muitos.

Afirmam os Instrutores que "quando os herdeiros do Cristo tomarem posse da Terra Prometida será iniciado o Reino de Deus na Terra".

Eis, pois, a tarefa que o Divino Mestre espera de todos os seus discípulos; e felizes aqueles que se tornarem artífices dessa sagrada e transcendente realização espiritual.

Voltando ao que já dissemos recomendamos que os discípulos enquanto viverem não desprezem oportu-nidade alguma, um só dia que seja, uma hora que seja, para devotar-se ao serviço do próximo e à difusão dos ensinamentos redentores, aproveitando todos os momentos para manterem seus compromissos de servirem ao Divino Mestre servindo ao próximo.

Porque esta encarnação de agora é decisiva para toda a humanidade, sobretudo para aqueles que assumiram compromissos de devotamento integral, como é o caso dos discípulos.

Assim como disse o irmão maior Bezerra: quem atingiu este ponto, este limite de conhecimento e de consciência, não pode mais voltar atrás, interrompendo sua ascensão espiritual.